LA CRISE AMÉRICAINE

SES EFFETS ET SES CAUSES

PAR

YVES GUYOT

(Extrait de la Revue du Commerce de l'Industrie et de la Banque du 31 décembre 1907)

PARIS

FÉLIX ALCAN, ÉDITEUR

LIBRAIRIES FÉLIX ALCAN ET GUILLAUMIN RÉUNIES

108, BOULEVARD SAINT-GERMAIN, 108

1908

LA CRISE AMÉRICAINE

SES EFFETS ET SES CAUSES

LA
CRISE AMÉRICAINE

SES EFFETS ET SES CAUSES

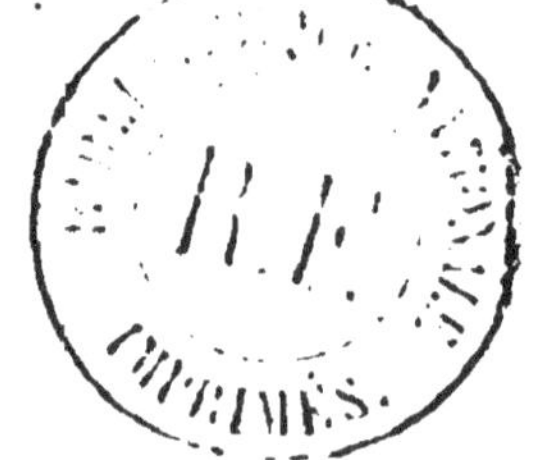

PAR

YVES GUYOT

———

*(Extrait de la Revue du Commerce de l'Industrie et de la Banque
du 31 décembre 1907)*

———

PARIS

FÉLIX ALCAN, ÉDITEUR

LIBRAIRIES FÉLIX ALCAN ET GUILLAUMIN RÉUNIES

108, BOULEVARD SAINT-GERMAIN, 108

—

1908

LA CRISE AMÉRICAINE

SES EFFETS ET SES CAUSES

I

Les symptômes et les causes.

Une personne éprouve une élévation de température, a le pouls plein et dur, la peau sèche et mal à la tête. D'après ces symptômes, on sait qu'elle a la fièvre. Ce sont des effets, ce n'est pas la cause.

Un jour, des banques ne peuvent pas tenir leurs engagements ; l'inquiétude se répand : chacun voudrait retirer ses dépôts, et, s'il les obtient, il les enlève en tout ou en partie à la circulation : les affaires s'arrêtent. On s'aperçoit qu'il y a une crise ; la plupart de ceux qui en souffrent en commentent beaucoup plus les symptômes douloureux par lesquels elle se manifeste qu'ils n'en recherchent la cause.

Presque toute la littérature qui a été prodiguée sur la crise américaine n'a parlé que des symptômes. M. Cortelyou, le secrétaire du Trésor, dans son discours du 14 novembre à la *Merchants' Association*, a traité les symptômes au lieu de chercher les causes.

Quand on dit de la crise américaine qu'elle est une crise monétaire, on n'explique pas comment elle peut se produire dans un pays qui a sept milliards et demi d'or à sa disposition.

Il faut distinguer entre la cause principale et les causes accessoires; et cependant cette dénomination est exacte dans une certaine mesure, à cause de la mauvaise organisation de la circulation fiduciaire des *National Banks*

II

Les causes accessoires.

La baisse du cuivre a été la plus importante des causes accessoires. La crise a commencé avec la chute de la maison Heinze qui avait livré, il y a quelques années, une grande bataille à M. H.-H. Rogers et à l'*Amalgamated Copper group*.

Le 15 et le 16 octobre, la *Mercantile National Bank* éprouva des difficultés provenant de ses rapports avec l'*United Copper C°*. Sous la pression des prix du métal, ses actions étaient tombées. Tout d'un coup, elles montèrent en quelques jours de 37 à 60 ; ce mouvement provenait d'un jeune spéculateur sur le cuivre qui opérait contre des baissiers qu'il croyait incapables de livrer les titres à l'échéance. Il se trompait ; et les *Brokers* engagés dans l'opération, incapables de prendre livraison du stock livré, suspendirent leurs paiements. La *Mercantile National Bank* dut demander l'aide des autres banques du *Clearing House* de New-York. Après examen de ses livres, cet appui lui fut donné, et le public ne s'en occupa pas.

Mais dans la soirée du lundi 21 octobre la *Knickerbocker Trust C°*, la troisième des institutions de ce genre à New-York, fit une demande semblable.

Les *Trust Companies*, qu'il ne faut pas confondre, avec les corporations industrielles auxquelles on a donné le nom de *trusts*, ont pour principal objet de recevoir et de gérer des dépôts pour le compte de femmes mariées, de mineurs, d'aliénés, pour la formation ou la réorganisation de sociétés, pour assurer le service d'obligations de chemins de fer ou de sociétés industrielles, etc. Ce sont des fidéicommissaires, des administrateurs judiciaires et des banquiers (1).

Il y a quelques années, le Comité du *Clearing house* voulut imposer aux *Trust Companies* qui en faisaient partie l'obligation d'avoir une encaisse de 15 à 20 p. 100 de leurs engagements. La plupart des *Trust Companies* refusèrent et quittèrent le *Clearing house*. Elles y étaient représentées par d'autres banques: la *Knickerbocker Trust* l'était par la *National Bank of Commerce*. Elle demanda un prêt de 3 millions de dollars au *Clearing house*; mais la *National Bank of Commerce* déclara qu'elle cessait de la représenter. Le *Clearing house* refusa le prêt.

Cette nouvelle fut connue. Une foule de déposants se rua le mardi matin, 22 octobre, aux guichets de la *Knickerbocker Trust*. On eut beau répéter que d'abondantes ressources étaient mises à sa disposition par les autres banques, la panique s'étendit à la *Trust Company of America*. Les deux établissements ne cessèrent d'être assiégés et, du mardi au samedi, ils payèrent 40 millions de dollars, total des dépôts du Trésor dans les banques de New-York.

La contagion s'étendit à la *Lincoln Trust C°* qui servait la même classe de clients. Jamais, dans les crises précédentes des États-Unis, ne s'était manifesté un pareil affolement. Une douzaine de banques firent faillite le 23 et le 24 octobre. Les États-Unis présentèrent la situation bizarre de toute une organisation financière et commerciale qui se plaçait en dehors de la législation existante, avec le consentement unanime des particuliers, de la magistrature

---

(1) M. Arthur Raffalovich a donné dans l'*Économiste Européen* des détails très complets sur la situation des *Trust Companies*.

et du gouvernement. Toutes les banques des États-Unis suspendirent leurs paiements. Le moyen fut radical pour supprimer les réclamations des déposants. Sachant qu'elles étaient inutiles, ils restèrent chez eux et cessèrent d'assiéger les banques, qui demeurèrent tranquillement ouvertes. Aux gros déposants, elles donnaient des chèques sur le *Clearing house*, qui étaient escomptés par les *brokers* à 2, 3, ou 4 p. 100, selon le cours du jour.

Si la panique avait été soudaine, le public ne revint que lentement au calme. Les déposants retiraient leurs fonds qu'ils déposaient ensuite dans des coffres-forts, loués aux mêmes banques.

M. Barney, ancien président de la *Knickerbocker Trust C*, se suicida et son exemple fut suivi par quelques autres banquiers. Le professeur Underwood, de l'Université de Columbia, devint fou à la suite de ses pertes, tua sa femme et se coupa la gorge.

Les grands établissements de Pittsbourg durent payer les salaires de leurs ouvriers par chèques, dans la proportion de 80 0/0. Ces chèques n'étaient pas de moins de 5 dollars. Les ouvriers ne pouvaient pas donner un chèque pour prendre le tramway. Les banques étaient fermées, les marchands n'avaient pas de petite monnaie, de sorte que les porteurs de chèques ne pouvaient rien acheter. Des spéculateurs les prenaient avec une perte de 20 à 25 0/0. La semaine suivante, on fit des chèques d'une valeur moindre.

Des gens retiraient leurs fonds des banques parce qu'ils n'avaient plus confiance en elles : mais on leur offrait une prime de 3 ou 4 0/0 ; et ils acceptaient des chèques sur les banques dont ils avaient peur. Ou ils avaient tort de retirer leurs dépôts, ou ils avaient tort d'accepter ces chèques ; les deux actes étaient contradictoires.

Le calme ne se rétablit que lorsqu'on sut que l'Europe avait acheté des valeurs américaines et envoyait de l'or aux États-Unis.

Mais pourquoi cette crise? On l'a expliquée par des raisons psychologiques. La confiance du public dans les

financiers qui sont à la tête des banques était ébranlée.
L'affaire des Compagnies d'assurance avait appris au commencement de 1905 que certains d'entre eux jouissaient
sans scrupules de capitaux qu'ils avaient en dépôt. Cependant ils n'avaient pas compromis les intérêts des assurés ;
et la liberté de placement permettait à certaines compagnies, comme la *Prudential* de New-Jersey, de donner à
ses assurés 75 0/0 de plus que ses tarifs ne prévoyaient.

On reprocha à M. Roosevelt d'avoir repris à son compte
les menaces démagogiques de MM. Hearst et Bryan contre les riches, contre les chemins de fer. Sans doute, il les
atténuait dans la forme, mais elles étaient aggravées par
sa situation politique de chef de l'État. Il invoquait la loi,
mais d'une manière vague et générale. Les gens de sang-
froid répondaient avec raison : « S'il y a des délinquants,
qu'on les poursuive ; mais dénoncer tous les hommes d'affaires, d'une manière globale, c'est jeter le discrédit et la
méfiance sur tous et agir en opposition aux pratiques les
plus élémentaires de la justice. » La loi de juin 1906, en
donnant à l'*Interstate commerce commission* le droit de fixer
certains tarifs, ébranlait la confiance dans les compagnies
de chemins de fer précisément au moment où elles avaient
le plus besoin de capitaux.

Les grands financiers de New-York agirent avec la
vigueur qu'on pouvait attendre d'eux contre la démorali-
sation par quatre moyens :

1° Les national banks, par l'entremise du *Clearing house*,
souscrivirent sous la direction de M. Pierpont Morgan,
30.000.000 de dollars pour venir en aide aux banques plus
faibles ;

2° Un syndicat sur lequel le public a peu de détails se
forma pour soutenir les cours ;

3° Les *foreign exchange houses*, spécialement la *National
City Bank*, développèrent toute l'activité possible pour im-
porter de l'or étranger ; mais au 30 octobre, elle n'avait
encore réussi à obtenir que 30 millions de dollars ; on
poussait dans ce but l'exportation des marchandises. Le
29 octobre, on expédia pour 5 millions de dollars de blé.

Les envois de tabac en Europe dépassèrent tous les records.

4° Le 26 octobre, le *Clearing house* eut recours à un moyen qu'il avait déjà employé en 1871, 1884, 1809 et 1893 : l'émission de certificats. Ces certificats sont soumis à une taxe de 6 0,0 et ne doivent pas sortir du *Clearing house* ; mais actuellement cette clause n'est pas observée. Ils sont entrés dans la circulation générale, comme ils y étaient déjà entrés en 1893. Ces certificats sont des prêts hypothécaires faits par les autres banques à celles qui se trouvent en déficit. Le comité du *Clearing house* n'émet pas lui-même ces certificats, mais, quand il décide qu'ils sont nécessaires, les banques les autorisent.

On a dit que MM. Pierpont Morgan et Stillman étaient opposés à ce moyen.

III

L'intervention du gouvernement.

L'intervention du gouvernement était d'autant plus nécessaire que tout le système des banques nationales repose sur le Trésor au lieu de reposer sur les opérations commerciales du pays.

Les banques sont divisées en six genres différents, dont le premier et le plus important est organisé par le *National Banks Act* de 1863, modifié par l'*act* de 1864 et par quelques amendements. Les *National Banks* sont sous la surveillance du *Comptroller of the Currency*. Leurs actions sont nominatives.

Aux *national banks* est réservée l'émission des *circulating notes*, des billets de banque, payables à vue. Chaque *national bank*, pour avoir le droit d'émettre des billets, doit acheter des titres de la Dette des États-Unis (*bonds*)

(1) *Principles and practice of finance*, by Edward Carrole. (Putman's sons New-York). — *Principes of money and banking*, by Charles Conant, 1905 (2 vol. Harper, éd., New-York). — Une traduction française par Raphaël Georges Lévy a paru en 1907.

et les déposer dans les coffres du Trésor. Jusqu'en 1900, l'émission était limitée à 90 0/0 de leur valeur.

Les *circulating notes*, les billets de banque, peuvent être égales à la valeur des *bonds*, mais ne doivent pas dépasser le total du capital de la Banque (*capital stock*).

Les *national banks* sont divisées en trois classes : *banks of central reserve cities, banks of reserve cities* et *country banks*.

La première classe ne comprend que les *national banks* de New-York, Chicago et Saint-Louis. Elles doivent avoir dans leurs caisses une réserve en or, en argent ou en papier monnaie du gouvernement, s'élevant à 25 0/0 de leurs dépôts. Le fonds de 5 0/0 qui doit être déposé dans le Trésor pour le remplacement courant de billets de banque détériorés peut être compté comme une part de cette monnaie légale de réserve. Les banques des autres villes ne sont tenues à avoir que 15 0/0.

Une *national bank* reçoit au pair tous les billets émis par d'autres banques.

Il résulte de cette organisation que les bons du Trésor sont appelés *assets of currency* (actif de la circulation), alors que l'actif de la circulation devrait être l'encaisse et le portefeuille commercial.

On en a fait la base de la loi de 1864, non pas dans l'intérêt du crédit, mais pour le placement de la dette. L'émission ne dépend ni de l'encaisse, ni des effets de commerce escomptés par la banque : au lieu d'être en rapport avec le chiffre des affaires, elle dépend des titres de la dette.

Si les États-Unis supprimaient leur dette, ce qu'ils auraient dû faire, les *national banks* ne pourraient plus mettre de papier en circulation. La dette fédérale de $ 1.639 millions en 1831 ; elle est maintenant de $ 878 : la base de la circulation fiduciaire des États-Unis, au lieu de se développer en même temps que leur vie économique, s'est rétrécie.

Dans ce système, ce n'est pas l'actif tout entier de la banque qui répond des billets émis, mais seulement le compartiment des titres de la dette fédérale déposés dans le trésor des États-Unis.

Partout ailleurs, on considère que les billets émis sont garantis par l'actif tout entier de la banque, espèces, portefeuille commercial, actions. C'est le *banking on assets*, faire de la banque sur l'actif.

L'opinion des hommes compétents a été toujours en faveur de ce système, et « les banquiers pratiques », dit M. Charles Conant (1), se sont peu à peu prononcés contre le système de la garantie de l'émission par les titres d'État (*bond secured system of note issues*) » (1).

En lisant cette phrase, on se demande comment des banquiers ont pu jamais être partisans du *bond secured system of notes issues*. Est-ce que le jour où les banques ont besoin d'espèces, ces titres peuvent leur en procurer? Mis sur le marché par le Trésor, ils subiraient une terrible dépréciation.

De plus les *national banks* n'ont pas intérêt à développer leur circulation.

Dans le rapport du *comptroller of currency*, M. Ridgely, de 1903, je trouve (t. I, p. 35) un calcul sur le profit sur la circulation des *national banks*, fait par l'actuaire du *Treasury department*. Le calcul est établi sur 100.000 dollars de circulation, fondée sur des obligations à échéance de 1930 à 2 0,0. On estime que le taux est de 6 0,0. Ce sera donc le bénéfice de la circulation émise par la banque. Mais déduction est faite de la taxe sur les billets (*notes*) de 1/1 0,0 par semestre, du coût des remplacements, des planches, des salaires, des agents et du fonds d'amortissement. Mais si le taux de la circulation est de 6 0,0, le taux du capital employé à acheter les obligations est également de 6 0,0. Il faut donc déduire l'intérêt à 6 0,0 sur le prix des obligations, afin d'obtenir à la fois l'intérêt et le taux du profit. Les fréquentes fluctuations du prix de ces valeurs causent les variations du taux du profit. Pour l'année 1903, quand, au mois de janvier, 100.000 dollars

---

(1) Texte anglais. T. II, p. 15.

d'obligations valent 109.071 dollars, le bénéfice sur la circulation, en plus de 6 0/0 sur le placement, est de 0,696 tandis qu'en mai, où ils sont tombés à 105.944 dollars, le profit est de 0.935.

Ainsi, même pendant le mois le plus avantageux, le taux du profit de l'émission des billets de banque n'a pas représenté 1 0/0.

Cela explique pourquoi les banques ne cherchent pas à étendre leur circulation de billets. En 1873, elle était de 344.600.000 dollars ; en 1891, elle était tombée à 125 millions de dollars. En 1900, elle était de 300 millions de dollars, chiffre inférieur à ce qu'elle était en 1873. Elle était, au 1er novembre 1907, après la crise, de 595 millions de dollars. Mais que représente ce chiffre ? 3 milliards de francs pour plus de 80 millions d'habitants, 34 francs par tête.

En France, d'après le bilan du 2 janvier, la circulation des billets de banque est de 5.066 millions, soit de 128 fr. par tête, ou 279 0/0 de plus qu'aux États-Unis.

Ce défaut de billets de banque provoque tous les ans, à partir du mois de septembre, une crise monétaire. L'Ouest a besoin d'espèces pour faire sa récolte et l'expédier. On estime de 150 à 200 millions de dollars le chiffre qu'elle nécessite. Or, les réserves des banques de toutes catégories sont d'environ 700 millions d'or. Les 200 millions nécessaires représentent plus de 28 0/0. Les banques doivent acheter pour 150 ou 200 millions d'obligations du Trésor pour représenter l'or sorti, afin de maintenir leur réserve au chiffre obligatoire. Elles sont ainsi affaiblies de deux manières : par l'expédition d'une partie de leur encaisse, par la nécessité de la remplacer en achetant des titres qui leur sont inutiles.

Le 21 octobre au soir, il restait 48.000.000 de dollars dans les caisses de New-York, dont 6 millions de bons 4 0/0 que M. Cortelyou s'était déclaré prêt à rembourser.

On estimait le 23 octobre que le Trésor ne pouvait pas augmenter l'encaisse des banques de plus de 15.000.000 de dollars.

Le Trésor était à cette date en déficit. Durant cette

période de l'année fiscale qui commence le 1ᵉʳ juillet, les recettes avaient été de 212.037.000 dollars et les dépenses de 215.910.000 dollars, soit en moins 3.873.000 dollars. On prévoyait que l'État allait être obligé de rappeler une partie de ses fonds déposés dans les banques ; et, en effet, le 13 novembre, le Trésor retira 7 millions de dollars des banques de New-York, soit 10 0/0 de ses dépôts.

Le sous-secrétaire d'État prit une mesure rigoureuse contre les distillateurs. Ils pouvaient payer les droits avec des chèques certifiés. Or, il exigea le paiement des droits en or, argent ou bons. Le chiffre des droits pour un wagon de whiskey s'élève à § 5.000. Les banques ne pouvaient les avancer, de sorte que la mesure aggravait la crise en paralysant une énorme industrie, et elle atteignait en même temps la plus large ressource de l'impôt intérieur.

Les distillateurs furent réduits à demander à leurs clients de leur envoyer les fonds nécessaires pour payer les taxes (1).

Le 15 novembre une banque de Denver télégraphia à une banque de Chicago pour lui demander de verser au Trésor une somme considérable pour le paiement de droits. La banque de Chicago refusa d'affaiblir son encaisse.

Les receveurs de taxes assiégeaient le commissaire de l'Impôt intérieur pour lui demander des instructions. D'abord ils reçurent une formule télégraphique comminatoire leur rappelant que les droits devaient être payés en monnaie légale et que s'ils recevaient d'autres valeurs, c'était à leurs risques et périls.

Le lendemain cependant, une autre circulaire les informait qu'ils pouvaient recevoir des certificats de dépôts dans les banques nationales ou recevoir des mandats (14 novembre).

Le gouvernement des États-Unis intervint auprès du gouvernement français pour demander à la Banque de France de consentir un prêt d'or au marché américain de 200 millions de francs sans passer par la Banque d'Angle-

---

(1) *Journal of Commerce and Commercial Bulletin*, 26 novembre.

terre. Lors de l'affaire Baring en 1890, la Banque de France fit un prêt de 75 millions à la Banque d'Angleterre en échange d'un bon du Trésor anglais à trois mois d'échéance. Conformément à ce précédent, la Banque de France répondit que, comme il n'existait pas aux États-Unis d'établissement semblable à la Banque d'Angleterre, elle était disposée à faire un prêt d'or en traitant directement avec le Trésor américain. Le gouvernement ne crut pas cette combinaison possible ou ne put pas donner la garantie qu'on lui demandait.

Dès lors, l'intervention diplomatique n'avait plus de raison d'être. La Banque de France n'avait plus à traiter qu'avec des particuliers conformément à ses statuts. On a imprimé à New-York qu'elle allait souscrire aux bons 3 0/0 du Trésor américain ; or elle n'achète pas de titres, et elle ne peut admettre comme garantie de ses avances que des fonds français et un très petit nombre de valeurs françaises. De plus, elle n'achète pas de papier de crédit contre de l'or ; elle n'accepte dans son portefeuille que des traites ayant un caractère commercial. Mais elle a fourni 80 millions d' « eagles » américaines en échange de papier commercial français, à 4 0.0, taux inférieur à celui des places étrangères (1).

Le secrétaire du Trésor annonça qu'il aurait recours à une émission de certificats du Panama et à une émission de bons du Trésor 3 0/0.

Ces mesures sont d'une légalité douteuse, car *l'act* du 28 juin 1902 porte que « les emprunts sont autorisés seulement pour les dépenses autorisées par cet act », c'est-à-dire pour les travaux du Panama.

Le gouvernement a un excédent de 249 millions de dollars, et il emprunte en hâte 50 millions de dollars pour le Panama, alors que les travaux ne l'exigent pas.

L'émission de 100 millions de dollars d'obligations 3 0,0 est faite en vertu de *l'act* du 13 juin 1898 qui autorise le Secrétaire du Trésor à faire des emprunts sur « des certifi-

---

(1) *Journal des Débats* du 22 novembre 1907.

cats de dettes n'excédant pas 30/0 d'intérêt pour des dépenses de guerre ou des dépenses publiques ».

Comme le Trésor n'en a pas besoin, les dispositions de cet *act* ne sont pas applicables à la situation actuelle.

Ces obligations étaient destinées à drainer les espèces des coffres des particuliers ou de l'étranger.

Quand j'avais vu le plan de M. Cortelyou, je m'étais posé la question de savoir comment en demandant aux banques d'employer leur or à acheter du papier d'État dont personne n'avait besoin, il pouvait apporter un remède à la crise. J'avais pensé qu'il me manquait un élément d'appréciation pour comprendre la vertu de ce procédé, et j'attendais d'autres renseignements.

Aujourd'hui ils sont venus. M. Fowler, le président du *Banking and Currency committee* de la Chambre des représentants avait annoncé que, sur les 100 millions de dollars des bons du Trésor, on n'en émettrait pas plus de 25 à 50 millions (1). Ses prévisions étaient justes.

M. Cortelyou n'a placé que 25 0/0 de ses bons du Trésor; et je vois qu'un ancien président du *Clearing house* a dit aux partisans du projet ce que j'en pensais : — « ·Ce système attaque la réserve de New-York, qui est vitale. Les banques ne peuvent acheter les bons parce qu'elles n'ont pas d'espèces pour les payer. Ce système essaye de faire sortir des banques plus que le gouvernement ne leur fournit, et il fait cela au moment où les banques ont besoin de sauver chaque dollar qu'elles ont (2). »

Les banques demandèrent que, pour le paiement des bons, l'on ne retirât pas les espèces de leur caisse, mais qu'elles fussent passées au crédit du gouvernement comme dépôts; et que les nouveaux bons fussent employés comme bons d'une nouvelle circulation.

M. Cortelyou refusa de remettre en dépôt plus de 75 0/0 des bons souscrits. Les banques auraient donc perdu de 20 à 25 millions de leur réserve monétaire. Elles ne souscrivirent pas.

---

(1) *The Economist*, 12 décembre, Lettre de New-York du 26 novembre.
(2) *Evening Post*, *financial section*, 20 novembre 1907.

Les clients des banques qui avaient donné des ordres d'achat les avaient imputés sur les dépôts qu'ils avaient déjà dans les banques; ils ne mettaient pas d'espèces dans la circulation. Ces bons considérés comme un placement, au lieu de dégager des fonds, les engageaient.

L'intervention du gouvernement a comporté les actes suivants :

1° Une augmentation de l'encaisse des banques;

2° Le refus du gouvernement de prendre une responsabilité devant la Banque de France pour une importation d'or de 200 millions de francs ;

3° Deux mesures d'une légalité douteuse, et en fait inutiles : une émission de certificats de Panama, que les travaux n'exigeaient pas et dont ils devront supporter l'intérêt ; une émission de 100 millions de dollars de bons du Trésor dont le quart à peine a été couvert et qui ne pouvait avoir pour résultat que d'affaiblir l'encaisse des banques.

Le prestige du gouvernement au point de vue des affaires financières et économiques n'a pas grandi.

IV

« Le Coupable »

Dans toutes les crises, on cherche immédiatement un coupable, sur lequel on en fera peser toute la responsabilité; ce procédé convient aux esprits simplistes. Dans la crise des États-Unis, nous retrouvons le bouc émissaire du bon vieux temps, c'est l'accapareur d'or. Un homme d'État important a dit que 1.500 millions de dollars avaient été retirés de la circulation par les thésauriseurs. Dans son discours du 14 novembre à la *Merchants' Association*, M. Cortelyou affirmait que s'ils rendaient leur or, la crise serait terminée dans les vingt-quatre heures.

Dans son message, le Président approuvant les projets

de M. Cortelyou dit : « Les récoltes sont bonnes et les conditions des affaires sont solides et nous devons mettre dans la circulation les espèces que nous avons, afin de pourvoir aux besoins d'une prospérité abondante. »

En France, cette phrase se traduirait de la manière suivante : « Les bas de laine sont responsables de la crise. » M. Cortelyou et M. Roosevelt disent aux gens qui mettent leur monnaie dans des coffres : — « C'est très mal à vous. Vous devez l'en sortir, et pour vous engager à la mettre dans la circulation, nous vous offrons du papier. »

Ils ne demandent pas contre les accapareurs d'or les mesures qu'on a employées à diverses reprises chez divers peuples contre les accapareurs de blé ; ils n'en sont encore qu'à la séduction ; mais au fond ils les considèrent comme des ennemis publics et les rendent responsables de la crise.

Or, d'après leurs derniers rapports, les 6.500 banques nationales avaient une encaisse de 701 millions de dollars. Le rapport du *Comptroller of Currency* donne $ 334.900.000 comme le total de l'encaisse de *State Bank's*, des banques privées et des *Trusts companies*, soit 1.039 millions de dollars.

Du 20 octobre au 6 novembre, le rapport des *New-York Associated Banks* constate que l'encaisse avait perdu $ 47.800.000, malgré un dépôt du Trésor de $ 44.000,000 et une importation d'or de $10.000.000. C'était donc une perte de près de 99 millions dans New-York seul.

Mais tous ces retraits d'or ne sont pas enfouis dans des cachettes. En 1906, les besoins de la récolte avaient drainé dans l'Ouest et le Sud $14.000.000 des banques de New-York. En 1907, on peut estimer à $ 35.000.000 la somme qui a la même destination. Si on la déduit de 99 millions, il reste 64 millions de dollars entre les mains des thésauriseurs.

New-York représente 30 0/0 de l'encaisse des banques des États-Unis. En dehors de New-York, les thésauriseurs auraient donc dû demander dans ces proportions 141 millions de dollars. Nous arrivons à un total de 210. Nous sommes loin des 1.500 millions de dollars dont parlait l'homme d'État.

Mais ces chiffres sont en dehors de toute réalité. A Boston, on n'a retiré que $ 2.500.000, à Philadelphie que $9.700.000. Enfin un précédent prouve que ce chiffre lancé en l'air est dépourvu de toute vérité. En 1892 la thésaurisation absorba $ 35.000.000 à New-York, 50.000.000 pour l'ensemble des États-Unis. En l'évaluant à 100 millions de dollars, on est plutôt au-dessus qu'au-dessous de la vérité.

V

La Monnaie

On a dit et répété que la crise des États-Unis était une crise monétaire. Le sénateur Elkins l'a caractérisée de la manière suivante : « Les affaires ont augmenté de 30 0/0 et la monnaie de 50/0, soit un déficit de 25 0/0. Voilà la cause de la crise. » Je ne sais quelles sont les dates qu'il a comparées. La situation de la monnaie aux États-Unis pendant une série d'années est la suivante :

		Dollars
1er décembre 1892.	. . .	1.614.790.000
— 1898.	. . .	1.888.879.000
— 1903.	. . .	2.449.168.000
— 1905.	. . .	2.662.134.000
— 1906.	. . .	2.869.074.000
— 1907.	. . .	3.008.241.000

De 1892 la quantité de monnaie a augmenté de 86 0/0 ; de 1906 à 1907, elle n'a augmenté que de 4 0/0.

Voici comment se répartit cette circulation du 1er novembre 1906 au 1er novembre et au 1er décembre 1907 :

	1er décembre 1907	1er novembre Dollars 1907	1er décembre 1906
Or en espèces. . .	610.578.000	571.459.000	685.971.000
Certificats d'or . .	675.635.000	677.295.000	572.972.000
Dollars étalon d'argent	90.979.000	88.822.000	81.211.000
Certificats d'argent.	468.953.000	461.349.000	170.118.000
Monnaie d'appoint (argent). . . .	132.979.000	127.461.000	122.261.000
Notes du Trésor de 1890.	5.537.000	5.601.000	6.811.000
Notes des États-Unis (Greenbacks). .	311.682.000	313.251.000	313.260.000
Billets de banque nationaux . . .	648.895.000	595.127.000	583.167.000
Totaux	3.008.238.000	2.876.568.000	2.869.071.000

L'augmentation a porté sur la monnaie d'or (plus de 66 millions de dollars) et sur les billets de banque, (53.771.000 dollars).

Il faut y ajouter une augmentation dans l'encaisse du Trésor de 7.512.000 dollars, monnaie d'or, qui provient des importations d'or, en échange desquels le Trésor a délivré des *legal tenders* de la main à la main.

La circulation de l'or en monnaie et en certificats forme donc un total de 1.316.214.000 dollars, soit 6.750 millions de francs.

Les billets de banque des banques nationales ont passé de 595.123.000 dollars à 648 millions. En y comprenant une petite quantité déposée dans le Trésor, le total des billets de banque s'élève à 656.218.000 dollars, soit en augmentation de 46.237.000 pendant le mois de novembre.

Le total des titres du gouvernement des États-Unis portant intérêt était de 869.603.000 dollars. Comme 636 millions servent de gage aux *circulating notes*, il reste un peu plus de 200 millions de dollars pour d'autres placements. Sur ce chiffre, 646.250.000 dollars sont des Consolidés 2 0/0, à échéance de 1930. Ces titres et presque tous les 30 millions de dollars de certificats du canal de

Panama 2 0/0 sont employés comme garantie des billets de banque. Il y a 63.915.000 dollars de 3 0/0 rachetables en 1908 et 118.489.000 4 0/0 rachetables en 1925. Des nouveaux certificats de la dette, il y avait 10.917.000 dollars enregistrés au 30 novembre.

L'encaisse du Trésor était de 250.551.000 dollars, dont 221.381.000 étaient en dépôt dans les banques au crédit du Trésor, 12.163.000 dollars au crédit de fonctionnaires ayant à effectuer des paiements et 3.939.000 dollars dans le Trésor des Philippines. Cela laissait un excédent de 10 millions de dollars.

Nul pays n'a une telle quantité d'or à sa disposition. Si dans une pareille situation les États-Unis étaient victimes d'une crise monétaire, l'Angleterre serait en état de crise permanente.

Les bimétallistes en ont profité pour réclamer en faveur du métal argent. Mais si les États-Unis sont sous le régime de l'étalon d'or, on voit qu'ils ont en circulation 570 millions de dollars d'argent, sans compter la monnaie d'appoint.

C'est là un danger que M. Fowler, qui vient d'être réélu président du *Banking and Currency committee*, dénonçait, à un banquet de Chicago, dans les termes suivants : « Les États-Unis ont à supporter 345 millions de dollars en certificats et 600 millions de dollars en argent, et à les maintenir au pair avec l'or, afin de justifier, comme ils peuvent, le chiffre des réserves. »

La crise actuelle, au lieu de donner un argument en faveur du bimétallisme, donne un argument en faveur de la saine monnaie.

VI

La cause de la crise.

La crise a une cause générale qui n'est pas seulement limitée aux États-Unis ; et un document que publie annuellement le *Moniteur des Intérêts matériels*, de Bruxelles, va nous l'indiquer. C'est le total des émissions.

D'après le *Moniteur des Intérêts matériels*, le total des émissions depuis 1871 est de :

Périodes		Total	Moyenne annuelle
		Millions de francs	
1871-1879	(neuf ans) . . .	70.600	7.800
1880-1889	(dix ans) . . .	61.900	6.190
1890-1899	(dix ans) . . .	98.600	9.860
1899-1906	(sept ans) . . .	122.100	17.100

Dans la première période, les émissions qui suivirent la guerre se montèrent à :

1871	. . . .	15.600	millions
1872	. . . .	12.600	—
1873	. . . .	19.900	—

La crise de 1873 éclate, et les émissions tombent à 4.200 millions en 1874, à 1.700 en 1875, à 3.700 en 1876.

Si on décomposait les chiffres, on trouverait que la moyenne 1890-1899 est relevée par le chiffre de 1894, 17.800 millions, qui tient en grande partie à la conversion du 4 1/2 français en 3 1/2.

Si nous décomposons la dernière période, nous trouvons :

Centaines de millions			
1899	. . . . . 11.9	1904	. . . . . 14.4
1901	. . . . 9.9	1905	. . . . . 19.1
1902	. . . . . 21.9	1906	. . . . . 26.5
1903	. . . . . 18.4	»	»

Pendant les quatre dernières années, les émissions ont été de :

	Emprunts d'États	Établissements de Crédits	Chemins de fer et Sociétés industrielles	Conversions	Total
1903 . .	2.939	1.329	5.298	8.741	18.312
1901 . .	5.767	1.311	5.490	1.831	14.430
1905 . .	7.213	1.853	8.365	1.676	19.109
1906 . .	6.141	2.301	7.793	10.318	26.550

Si nous déduisons les conversions, nous trouvons :

<pre>
Émissions : total   . . . 78.401
Conversions 22.569
Total des émissions . . 55.822
</pre>

Soit par année moyenne 13.957 millions, en chiffres ronds 14 milliards.

M. Paul de Laveleye, en publiant ces chiffres, était fort rassuré. La part des emprunts d'État, qui s'était élevée à 39,97 pour 100 du total des émissions en 1901, à 37,05 pour 100 en 1905, était tombée à 23,13 pour 100 en 1906, malgré un emprunt russe de 2.358 millions et un emprunt japonais de plus de 500 millions.

M. Paul de Laveleye disait :

« Pendant les trois années 1897, 1898, 1899, période de grande prospérité et d'abondance, la part des émissions relatives à des entreprises de commandite industrielle, abstraction faite des conversions, oscille autour de 80 0/0 du total de ces opérations : elle est de 78 0/0 en 1897, de 81 0/0 en 1898 et 80 0/0 en 1899.

« Au contraire, pendant les trois années suivantes : 1900, 1901, 1902, période de crise et de dépression générale, on voit cette proportion tomber à 60 0/0, à 18 0/0 et à 56 0/0. En 1903, elle se relève à 69 0/0, mais la crise n'est pas finie et en 1901, le pourcentage retombe à 51 0/0.

« Enfin, depuis deux ans, on remonte la pente, on est entré de nouveau dans une période de reprise et d'abondance : c'est à 59 et à 62 1/2 0/0 respectivement que se chiffre la proportion des capitaux sollicités par l'industrie. Mais nous sommes loin encore des proportions voisines de 80 0/0 constatées de 1897 à 1899. »

Et M. Paul de Laveleye raillait « les esprits chagrins » qui prévoyaient une crise.

Qu'il me permette de lui dire que ce n'est pas ainsi que se pose la question.

Des capitaux ont été engloutis par des guerres : ils ont perdu leur pouvoir d'achat. Après la guerre, les gouvernements russe et japonais doivent émettre des emprunts pour reconstituer ces capitaux : ces capitaux ainsi employés perdent à leur tour leur pouvoir d'achat ; et, s'ils ont été employés à des réfections d'armement, à des vêtements de soldats, ils l'ont à tout jamais perdu.

Cependant, une partie de ces capitaux est allée aux industriels, qui les ont employés à la reconstitution de leur capital ; et une partie de ces capitaux sera, de nouveau, convertie en capitaux fixes qui augmenteront la capacité productive de l'humanité. La perte n'est pas complète. Mais, jusqu'à ce que ces capitaux aient recouvré leur pouvoir d'achat, ils ne sont pas disponibles.

Il en est de même pour les capitaux employés dans les entreprises industrielles. En faisant abstraction de toute part de gaspillage et de pertes, ces 5.490 millions émis en 1904, ces 8.365 millions émis en 1905, ces 7.793 millions émis en 1906, pour les chemins de fer et sociétés industrielles ont perdu en partie leur pouvoir d'achat. Ils ne sont plus disponibles.

Constructions de chemins de fer, établissement d'usines représentent non pas une production, mais une consommation de capitaux.

Un capitaliste a 100.000 francs de capital ; il en emploie 90.000 à la construction d'une usine, à l'achat d'un outillage : ces 90.000 francs sont immobilisés, ils ne sont plus disponibles, ils ont perdu momentanément leur pouvoir d'achat ; et, si les 10.000 francs, qui lui restent pour son fonds de roulement sont insuffisants, il sera gêné jusqu'à ce que les 90.000 francs qu'il a immobilisés recouvrent tout ou partie de leur pouvoir d'achat.

Le capital fixe est un outil disponible pendant une période plus ou moins longue ; mais il ne rembourse pas tout son prix en une seule fois. Il ne le rembourse que par un usage plus ou moins long. Donc son établissement représente une destruction de capitaux, un excès de consommation, une diminution de pouvoir d'achat.

Le jour où l'usine est construite, où le chemin de fer est établi, les capitaux qui y ont été consacrés ont aussi bien perdu leur pouvoir d'achat que s'ils avaient été employés en canons, en fusils, en cuirassés ou en capotes de soldats.

Seulement, dans un temps plus ou moins long, les capitaux employés en chemins de fer, en usines, en outillages, en moyens de transport, recouvrent leur pouvoir d'achat avec un excédent : ce sont des capitaux reproductifs, tandis que les autres sont improductifs.

Pour l'avenir, cette distinction est importante ; mais, au moment où les capitaux fixes viennent d'être établis, elle n'a pas de valeur. Un paquebot, à la veille de son premier voyage, a absorbé des capitaux, comme un cuirassé : seulement, dès son premier voyage, il commence à les rembourser, tandis que le cuirassé ne les rembourse jamais.

Il faut se rappeler que *les capitaux circulants ont toujours une tendance à se convertir en capitaux fixes* (1).

La crise éclate quand l'opération se faisant avec trop de hâte et, en partie à découvert, il n'y a plus de capitaux circulants disponibles.

Pour étudier les symptômes d'une crise, il faut donc comparer le chiffre des immobilisations avec le chiffre de la production des capitaux disponibles.

Le chiffre des émissions publiques donne un élément de ce travail.

M. Paul Leroy-Beaulieu a examiné cette question, dans l'*Économiste français* du 31 août.

Tous les capitaux constitués chaque année ne sont pas disponibles pour les émissions.

Si on prend la France, qui passe pour le grand réservoir des capitaux, il faut d'abord déduire tous les capitaux qui

____

(1) V. Yves Guyot : *La Science économique* (3ᵉ éd.), p. 123.

sont employés directement par leurs propriétaires en amélioration de fonds de terre, augmentation d'outillage, accroissement de fonds de roulement et d'approvisionnement, constructions d'usines, habitations à usage personnel, maisons de rapport, prêts et commandites. M. Paul Leroy-Beaulieu les estime à 500 ou 600 millions de francs.

De 1891 à 1902, le passif des faillites a atteint 2.997 millions de francs, tandis que l'actif a été de 863 millions, soit un excédent de passif de 2.131 millions ou de 178 millions par an. Avec les simples déconfitures, on peut élever la perte à 300 millions par an.

M. Paul Leroy-Beaulieu porte à 200 millions les dilapidations de prodigues, etc., soit 500 millions.

Les placements à fonds perdus deviennent de plus en plus fréquents, mais ils constituent des placements. D'après les opérations des quinze principales compagnies d'assurances à primes fixes, la constitution de rentes viagères immédiates a représenté, en 1906, un chiffre de 8.306.000 fr. Il est probable que le capital qui a servi à les constituer oscille entre 110 et 120 millions de francs. D'autres compagnies françaises et étrangères, l'État, de simples particuliers pratiquent ce genre d'opérations : on peut donc porter le chiffre à 170 ou 180 millions. On peut estimer, en France, de 670 à 680 millions, soit 700 millions, les capitaux engagés chaque année.

Pour avoir 2 milliards de capital disponible, l'épargne ne doit pas être inférieure à 2.700 millions de francs. M. Caillaux estime à 22 1/2 milliards tous les revenus des Français, y compris ceux du travail. M. Paul Leroy-Beaulieu va jusqu'à 25 et 27 milliards. Ce dernier chiffre dépasse de plus de 20 0/0 l'évaluation ministérielle. M. Leroy-Beaulieu considère que la moitié des Français ne fait aucune épargne ; et il pense que cette moitié des Français représente également la moitié des revenus. Sur les 13 milliards 500 millions restant, une épargne brute de 2.700 millions représenterait 20 0/0 du revenu.

Si on déduit 700 millions de pertes, il reste 2 milliards disponibles : sur ces 2 milliards, de 500 à 600 millions sont employés directement. Si on ajoute aux disponibilités de 180 à 200 millions de francs d'amortissements divers des obligations de chemins de fer, de villes, on peut évaluer à peu près à 1.500 millions les capitaux qui peuvent être engagés, en France, dans des émissions de valeurs mobilières.

M. Paul Leroy-Beaulieu estime la capacité de placement des autres pays de la manière suivante : 1.500 millions pour l'Allemagne ; 2 milliards pour l'Angleterre, 700 millions pour la Belgique et la Hollande réunies ; 800 millions pour l'Autriche ; 300 millions pour l'Italie ; 250 millions pour l'Espagne et le Portugal ; 200 millions pour les pays scandinaves, 500 millions pour la Russie, 200 millions pour le reste de l'Europe, 3 milliards pour les États-Unis ; 500 millions pour le reste du monde ; total 11.450 millions.

Qu'on arrondisse les chiffres à 12 ou 13 milliards, on reste à un chiffre inférieur aux 11 milliards qui représentent la moyenne des émissions des quatre dernières années.

Si nous examinons la part des États-Unis, nous trouvons, d'après le *Moniteur des Intérêts matériels* :

	Total	Conversions millions de francs	Total Convers. déduites
1903	2.808	267	2.541
1904	3.051	277	2.774
1905	5.097	844	4.253
1906	4.018	550	3.468

Les conversions déduites, les États-Unis ont donc absorbé 13.026 millions sur 55.832, soit 23 0/0, ou 3.250 millions par an.

Leurs fonds disponibles chaque année pouvant se monter à 3 milliards, ils sont obligés de demander des capitaux à l'étranger.

Encore les chiffres donnés par le *Moniteur des Intérêts matériels* paraissent-ils trop faibles.

D'après le *Poor's manual of railroads* de 1907, le capital des chemins de fer a passé pendant l'année 1906, de

14.593 millions de dollars à 15.563 millions, soit une augmentation de 970 millions de dollars ou plus de 5 milliards de francs.

Les chemins de fer des États-Unis, pendant l'année solaire 1903 avaient augmenté leur réseau de 5.291 milles, soit 8.500 kilomètres, représentant plus du sixième du réseau français.

Deux années étaient célèbres pour les excès de construction des chemins de fer américains : 1888 qui avait absorbé 687 millions de dollars, 1903 qui en avait absorbé 672 millions. On voit que le chiffre des capitaux employés en 1903 dépasse de 42 0/0 le chiffre de ceux qui avaient été employés en 1888.

Au mois de novembre 1906, M. James-J. Hill, du Great Northern Railway, réclamait 1 milliard de dollars, plus de 5 milliards de francs par an, pour la réfection des lignes existantes et la construction de 200.000 kilomètres en cinq ans. Au commencement de 1907, les Américains avaient le projet de construire 15.000 milles de chemins de fer, soit 24.000 kilomètres, ce qui représente la moitié du réseau français. Le Pennsylvania avait besoin de 418 millions de francs pour l'achèvement des tunnels sous l'Hudson et l'East River et l'aménagement de sa gare à New-York. Au mois de décembre 1906, le Northern Pacific émettait pour 95 millions de dollars, le Great Northern pour 60 millions, le Milwaukee et Saint-Paul pour 100 millions de dollars, soit 1.320 millions de francs d'actions.

Il faut joindre à ces capitaux absorbés par les chemins de fer des constructions d'usines, celles de gigantesques *skyscrapers*, plus d'un milliard pour la reconstruction de San Francisco, etc.

Les capitaux disponibles étaient épuisés.

Les chiffres comparés des compagnies enregistrées dans les États de l'Est (1) montrent une diminution constante relativement à 1906 : pendant les trois premiers mois de 1906 elles se montent à 1.328 millions de dollars ; et pendant la

---

(1) *Journal of Commerce*, 2 décembre.

même période de 1907, elles ne se montent qu'à 1.104 millions de dollars. La baisse est encore plus forte dans les mois suivants : 712 millions en 1906, 319 millions en 1907.

Pendant le mois d'octobre, la production de la fonte atteignait le plus haut chiffre qu'elle eût jamais atteint: 2.337.000 tonnes ; mais d'après le rapport de l'*United States Steel corporation* de la fin octobre, la diminution des ordres avait été constante depuis décembre 1906: ils étaient alors de 8.489.000 tonnes ; à la fin de mars, de 8.043.000 tonnes; à la fin de juin de 7.608.000 tonnes; à la fin de septembre de 6.425.000.

L'*American Bridge Co* qui fournit les fers pour la construction avait en août 59.000 tonnes d'ordres, en septembre 33.000, en octobre 23.000.

Le prix des billettes d'acier baissait de D. 1,50 par tonne; celui des tôles de D. 1 ; celui des feuilles de D. 2. Le prix des rails était maintenu à D. 28 par tonne, mais était abaissé à D. 26 pour l'exportation (1).

Les hauts fonctionnaires des douanes annonçaient qu'il y avait une diminution dans les importations : et elle s'est produite surtout sur les matières premières.

La crise industrielle a donc précédé la crise financière ; dès le mois d'octobre, l'*United States Steel corporation* avait éteint quinze hauts fourneaux. La crise financière est une conséquence et non une cause, mais elle a accéléré la crise industrielle ; les productions des usines de l'*Est* et du *Central West* sont réduites de 50 à 60 0/0.

Actuellement, on estime que l'*United States Steel corporation* a supprimé 60 0/0 de sa capacité de production et que chaque jour elle y apporte de nouvelles réductions. Les usines de l'*American and Wire Co* et beaucoup de petites usines sont éteintes. Comme conséquence, extinction des fours à coke.

Les entrepreneurs de constructions ont reçu l'ordre de suspendre leurs travaux. Le *Pennsylvania* arrête ses travaux de tunnels et de gare à New-York. L'*Union Pacific*

---

(1) *Journal of Commerce*, 31 octobre 1907.

a décidé de congédier de 5 à 8.000 hommes. On évaluait à 30.000 à la fin de novembre, le nombre des ouvriers congédiés par les chemins de fer entrant à Chicago.

Baldwin, le grand constructeur de locomotives, avait licencié dès le mois d'octobre 8.000 de ses ouvriers sur 20.000. *The Journal of Commerce* du 25 novembre a publié une liste donnant un total de 178.000 ouvriers congédiés, dont 40.800 pour les établissements sidérurgiques, 19.500 pour les établissements électriques.

VII

Prévisions.

Cette crise ne ruinera pas les États-Unis. Les dépôts dans les caisses d'épargne (savings banks) étaient au 1ᵉʳ juillet 1907 de 3.495 millions de dollars, contre 3.299 en 1906 et 1.983 au 1ᵉʳ juillet 1897. Le total des dépôts dans toutes les banques était de 13 milliards de dollars en 1907, en chiffres ronds, contre 12.250 millions en 1906 et 5 milliards en 1897.

La crise n'a pas fait disparaître toutes ces valeurs.

Au point de vue des chemins de fer, si on tient compte du développement de la richesse, on peut considérer que l'effort de 1906 n'excède pas celui de 1888. Les chemins de fer eux-mêmes y contribuent. En 1892, une fois toutes les dépenses payées, dividendes compris, il restait un reliquat aux chemins de fer américains de 51 millions de dollars; en 1906, il représente 151 1/2 millions de dollars, soit 17 0/0 du bénéfice industriel résultant du trafic et des recettes diverses qui était de 890 millions de dollars. L'excédent et les dividendes réunis forment un total de 405 millions de dollars ou 45 0/0 des bénéfices; en 1892 ils ne formaient que 135 millions de dollars ou 28 0/0 des bénéfices (1).

---

(1) V. Daniel Bellet. *Les Chemins de fer américains. Moniteur des intérêts matériels* 21, 28 juillet et 4 août 1907. *Economiste français: Les Chemins de fer américains* par Pierre Leroy-Beaulieu, 16 nov. 1907.

En 1893 les faillites de compagnies de chemins de fer atteignirent 1800 millions de dollars.

La crise va comprimer les gaspillages et réduire les capitaux dilués (*watered stock*) à leur véritable valeur.

Les États-Unis ont une grande supériorité sur les pays européens. Leur dette est relativement infime.

La dette publique, déduction faite des espèces dans le Trésor (*cash in the Treasury*) est de 878 millions de dollars en 1907, tandis qu'elle était de 961 millions en 1906 et de 987 millions en 1897, soit par tête de D. 10,26 en 1907, D. 11,46 en 1906 et D. 13,78 en 1897 (1).

Au 1er juillet 1907, l'intérêt annuel est de 21 2-3 millions de dollars, contre 23 1/4 millions à la date correspondante de 1906 et 31 1-3 millions en 1897 : l'intérêt annuel par tête est de 25 cents en 1907, contre 28 cents en 1906 et 48 cents en 1897.

Les États-Unis n'ont conservé leur dette que pour en placer les titres dans les banques. Ils auraient beaucoup mieux fait de la supprimer complètement.

Si on compare le budget des États-Unis dont le territoire est aussi grand que celui de l'Europe et dont la population monte à plus de 80 millions d'habitants, à ceux des États Européens, les dépenses militaires y apparaissent comme insignifiantes. Cependant le budget fédéral grandit en ce moment d'une manière anormale. Cette année la marine absorbera 186 millions de dollars, au lieu de 115.

Depuis longtemps on parle avec raison de réorganiser le système des banques; mais M. Roosevelt lui-même s'est borné à dire, dans son Message, qu'il y avait « un grand besoin de circulation saine et sûre », ce que personne ne conteste. Seulement, quand il en a considéré comme éléments nécessaires « quelques conditions soigneusement prescrites par le gouvernement », « quelques valeurs approuvées par le gouvernement », et « une lourde taxe sur les titres émis de la circulation », on a trouvé que ces indications ne correspondaient pas à la réalité des choses;

---

(1) *Statistical Record of the Progress of the United States, 1900-1907.*

et on a souri quand on l'a entendu dénoncer les accapareurs d'espèces.

Une banque centrale ne paraît pas possible aux États-
Unis; mais il s'agit d'assurer une circulation sur le *Banking
principle*. Les billets de banque ne sont pas d'une autre
nature que les autres papiers de commerce. Ils sont des
valeurs facilement divisibles au porteur et à vue; c'est là
leur supériorité sur les valeurs irréductibles à terme, avec
signatures soumises à l'endossement. Une banque ne doit
émettre des billets qu'en proportion de son portefeuille et
de sa réserve métallique. Il ne peut y avoir d'inflation tant
qu'un papier est convertible; si l'émission était supérieure
à la demande réelle, le papier reviendrait automatique-
ment à la banque.

Une banque d'émission, comme tous les autres établissements de commerce ou de finance, est soumise à des lois
économiques; si elle les observe, elle ne court pas de risques; si elle les viole, elle est frappée par la sanction qui
en prouve l'évidence.

En tous cas, la réforme de la *currency*, aux États-Unis,
doit être fondée sur deux principes: 1° séparation du Trésor
et de la Banque ; 2° assainissement de la *currency* par la
suppression des certificats et des dollars standard d'argent.

Si les défauts de la *currency* sont grands, ils sont com-
pensés dans une certaine mesure par l'activité des *clearing
houses*. En 1906, le *clearing house* de New-York a fait pour
104 milliards de dollars de compensation ceux des autres
villes pour 52, soit un total de 156 milliards (plus de
800 milliards de francs).

La capacité d'épargne des États-Unis va diminuer pour
deux motifs : d'abord parce qu'il faudra réparer les pertes
et ensuite parce que le ralentissement de l'activité dimi-
nuera les gains de chacun.

Toutefois, d'après un rapport de M. Wilson, ministre
de l'Agriculture, jamais la récolte américaine n'aurait
atteint une pareille valeur. Il l'estime à 7.112 millions de
dollars, soit 10 0/0 de plus que celle de la récolte de 1906
qui elle-même avait dépassé celle de toutes les récoltes

antérieures. En prenant 100 pour la récolte de 1899, on a successivement : 1903, 125 ; 1904, 131 ; 1905, 135 ; 1906, 143 ; 1907, 157. Cette évaluation a un défaut ; car on ne connaîtra la valeur de la récolte que lorsqu'elle aura été vendue.

Presque toutes les dépenses faites aux États-Unis ont eu pour objet des voies de transport, des constructions d'usines, de maisons, des installations d'entreprises de tous genres : qu'elles aient été produites à un coût trop élevé d'un côté par suite des prétentions des *labor unions*, d'un autre côté par suite des imprudences et du gaspillage des administrateurs, soit : mais ces capitaux fixes n'en restent pas moins avec leur pouvoir reproductif latent. Admettons que ces gaspillages se soient élevés à 25 0/0 de la dépense totale. Ils sont inférieurs aux dépenses improductives nécessitées en Europe par les besoins de l'armée et la marine. Les États-Unis bénéficieront donc de l'outillage établi.

En admettant qu'ils ne reconstituent que 3 milliards de francs de capitaux par an, dans deux ans ils auront 6 milliards. Ce sera la fin de la crise. Elle n'est pas un arrêt ; elle est un ralentissement dans le développement des États-Unis.

VIII

Conclusion

Prendre les difficultés monétaires pour la cause de la crise américaine, c'est prendre l'effet pour la cause. La crise vient de ce que les Américains manquent actuellement de disponibilités parce qu'ils ont absorbé trop de capitaux circulants dans les capitaux fixes.

Cette crise confirme ce que j'ai dit dans la *Science économique* (p. 427) : « *La cause objective des crises est la destruction de capitaux par des guerres ou des gaspillages et l'absorption dans des capitaux fixes résultant de grands travaux, de capitaux circulants dont le pouvoir d'achat ne sera récupéré que par l'amortissement des capitaux fixes dans lesquels ils ont été engagés.* »

Des capitaux européens profiteront sans doute de la réduction des cours des valeurs américaines et contribueront à les relever ; mais actuellement, il n'y a pas pléthore de capitaux dans le monde ; il y a déficit de capitaux relativement aux besoins des gouvernements et des villes, et aux besoins de l'industrie.

La dépression n'est pas localisée seulement dans les États-Unis : elle a atteint l'Allemagne : et elle se fera sentir dans l'ensemble du monde (1).

Mais les États-Unis ont besoin de changer complétement leur système de circulation; 1° en faisant reposer l'émission des billets de banque, non sur des titres du Trésor, mais sur une encaisse métallique et le portefeuille commercial; 2° en supprimant les *greenbacks* qui immobilisent dans le Trésor une somme de 150 millions de dollars d'or destinés à leur rachat, et les 570 millions de dollars et de certificats d'argent dont la valeur est fictive.

---

(1) Voir sur la *Crise américaine* la discussion de la Société économique du 5 décembre 1907. Communication de M. Delamotte, discussion, MM. Peartree, Heidelback.

Mayenne, Imprimerie Ch. COLIN.

www.ingramcontent.com/pod-product-compliance
Lightning Source LLC
Chambersburg PA
CBHW061726060726
47597CB00006B/2596